정미라

서울에서 태어나 곤충이라고는 파리, 모기만 알고 자랐습니다. 어린이 책과 관련된 일을 하다가, 아이 둘을 키우며
곤충을 기르기 시작하면서 곤충을 너무 좋아하게 되었답니다. 곤충을 통해 세상 아이들과 친해지면서
'곤충아줌마'로 불리게 되었고, 지금은 아이들과 경험했던 다양한 곤충 이야기를 나누고 있습니다. 지은 책으로 《누에가 자라고 자라서》
《앗! 모기다》《할머니랑 나랑 닮았대요》가 있습니다. 아이들이 자연과 곤충과 더불어 건강한 꿈을 키우고 씩씩하게 클 수 있기를
바라는 마음으로 이 책을 썼습니다.

고광삼

추계예술대학교에서 동양화를 공부했습니다. 자연 생태에 관심이 많아서 우리나라의 민물고기와 풀, 곤충 들을 카메라에 담아 두었다가
그림으로 그려 내곤 합니다. 지금은 어린이들을 위한 책에 그림을 그리는 한편, 꼭두일러스트에서 미래 그림 작가들을 길러 내고 있어요.
지은 책으로는 《두꺼비가 돌아왔어요》가 있고, 《매 나간다》《바람소리 물소리 자연을 닮은 우리 악기》《삼 형제》《엄마의 거짓말》
《호랑이와 곶감》《백두산 정계비의 비밀》《어우야담》등의 작품에 그림을 그렸습니다.

먹고 또 먹고 우리 집 왕사마귀

글쓴이 | 정미라   그린이 | 고광삼
펴낸이 | 곽미순   편집 | 윤소라   디자인 | 김민서

펴낸곳 | 한울림어린이   기획 | 이미혜   편집 | 윤도경 윤소라 이은파 박미화 김주연   디자인 | 김민서 이순영   마케팅 | 공태훈 옥정연   제작·관리 | 김영석
등록 | 2004년 4월 12일(제318-2004-000032호)   주소 | 서울시 영등포구 당산로54길 11 래미안당산1차 A 상가
대표전화 | 02-2635-1400   팩스 | 02-2635-1415   홈페이지 | www.inbumo.com   블로그 | blog.naver.com/hanulimkids
페이스북 | www.facebook.com/hanulim   인스타그램 | www.instagram.com/hanulimkids

첫판 1쇄 펴낸날 | 2020년 4월 6일
ISBN 979-11-6393-020-4 77810

이 도서의 국립중앙도서관 출판예정도서목록(CIP)은 서지정보유통지원시스템 홈페이지(http://seoji.nl.go.kr)와
국가자료종합목록 구축시스템(http://kolis-net.nl.go.kr)에서 이용하실 수 있습니다. (CIP제어번호 : CIP2020011466)
* 잘못된 책은 바꾸어 드립니다.

어린이제품안전특별법에 의한 제품 표시   제조국 대한민국   사용연령 3세 이상

먹고 또 먹고
우리 집 왕사마귀

정미라 글 · 고광삼 그림

한울림어린이

바람 한 점 없는 한여름 저녁이었어요.
"으아, 더워라. 창문 열어 놓은 거 맞아?"
거실 창문을 바라보던 나는 깜짝 놀랐어요.
"어, 방충망에…."
"왕사마귀다!"
재진 형이 살며시 잠자리채를 들고 가더니 옆 발코니 문을 열고 왕사마귀를 잡았어요.

왕사마귀가 어떻게 아파트 4층까지 날아왔을까요?
형과 나는 신이 나서 곤충 사육통에 왕사마귀를 넣었어요.
"형, 앞다리 좀 봐!"
"머리가 역삼각형이야. 보여?"
"양쪽에 커다란 눈이 있어!"
형과 나는 더위도 잊은 채 사마귀를 들여다보다가, 사마귀 관련 책을 찾아 읽기 시작했어요. 잘 키우려면 먼저 잘 알아야 하니까요!

다음 날, 형과 나는 잠자리채와 채집통을 들고 집을 나섰어요.
왕사마귀는 살아 있는 곤충만 먹는다는 사실을 알게 됐거든요.
맴맴맴맴… 쓰르르르…
오늘따라 시끄러운 매미 소리가 반갑습니다.
"형, 저기! 나뭇가지 옆에 매미!"
형은 소리 없이 다가가더니, 번개처럼 잠자리채를 휘둘러서 매미를 잡았어요.
"우아, 멋지다! 나도 해 볼래."
"이거 먼저 가져다주고 또 나오자. 왕사마귀가 배고플 거야."

사육통 안의 왕사마귀는 더듬이만 움직이며 나뭇가지인 척 위장하고 있었어요.

형은 조그만 뚜껑을 살짝 열고 매미를 넣었어요.

왕사마귀가 슬금슬금 다가오더니

재빠르게 앞다리로 매미를 꽉 잡았어요.

그러고는 우적우적 먹었지요.

무척이나 배가 고팠던 모양입니다.

"세진아, 나가서 더 잡아다 주자!"

나는 신이 나서 형을 따라 나섰어요.

수컷
옆집에서 온 왕사마귀
배마디 여덟 마디
홀쭉한 배

다음 날 아침 일찍, 옆집에서 인터폰이 왔어요.
"재진 엄마, 어제저녁에 방충망에 붙은 왕사마귀를 잡았는데, 가져다줄까?"
"어머, 좋지. 우리 집에도 한 마리 날아왔어.
애들이 벌써 키우기 시작했는걸."

이제 우리 가족은 더욱 바빠지게 생겼어요.
왕사마귀 두 마리를 먹여 살려야 하니까요.

암컷
우리 집에 날아온 왕사마귀
배마디 여섯 마디
뚱뚱한 배

형과 나는 매일 잠자리 사냥에 나섰어요.
어떤 날은 방아깨비와 메뚜기를 잡았고
또 어떤 날은 매미와 베짱이를 잡았어요.
왕사마귀는 한 마리 더 늘었을 뿐인데, 먹이는 잡아도 잡아도 끝이 없지 뭐예요.

8월 중순이 되자 곤충이 많아져서 왕사마귀의 식탁은 점점 더 화려해졌어요.
하지만 우리 가족은 밤마다 더위와 전쟁을 치렀지요.
"엄마, 왕사마귀도 더우면 잠을 못 자요?"
"못 자는지, 잘 자는지 한번 볼까?"
열대야에 잠 못 드는 밤, 형과 나는 왕사마귀 사육통을 들여다보았어요.
왕사마귀 두 마리는 떨어져서 나뭇가지처럼 위장한 채 깨어 있었어요.
머리를 이리저리 움직이면서요.
"왕사마귀 눈이 까맣게 변했어!"
"밤에는 주변이 어두우니까 빛을 흡수해서 잘 보려고 그러는 거래."
형의 말에 나는 한참 동안 왕사마귀를 쳐다보았어요.

오늘 형과 나는 일어나자마자 사육통을 들여다보았어요.

"도대체 언제 짝짓기를 하는 거야? 설마, 밤에 몰래 한 건 아니겠지?"

그때였어요.

작은 수컷이 커다란 암컷 뒤로 살금살금 다가가더니 재빨리 암컷 등 위에 올라탔어요.

"형, 짝짓기를 하려나 봐!"

"와, 무지 빠르네. 수컷이 앞다리로 암컷 가슴을 꽉 잡았어. 도망 못 가게."

"두세 시간 정도 걸릴 거야."

어느새 다가온 엄마가 말해 주었습니다.

형과 나는 방해가 되지 않도록 조용히 방으로 들어갔어요.

두세 시간이 지나자, 사육통에는 암사마귀 한 마리만 남아 있었어요.

짝짓기가 끝난 다음, 암컷이 수컷을 잡아먹은 거예요.

어느덧 시간이 흘러 9월이 되었습니다.

오늘은 가족이 함께 왕사마귀를 위한 곤충 사냥을 하는 날입니다.
찬바람이 불면서 곤충 잡는 일이 점점 어려워졌기 때문이에요.
우리는 곤충을 많이 잡아다가 사육통에 넣고 따로 키우기로 했어요.

우리는 아파트 주변을 돌면서 섬서구메뚜기 수컷 다섯 마리,
암컷 세 마리와 베짱이 두 마리 등을 잡았어요.
곤충들을 사육통에 넣고 살피던 형이 큰 소리로 나를 불렀어요.
"세진아! 얼른 와서 메뚜기 좀 봐!"
얼른 가 보니, 몸집이 작은 섬서구메뚜기 수컷이
몸집이 큰 암컷 위에 올라타 짝짓기를 하고 있었어요.
꼭 엄마가 아기를 업고 있는 것 같아요.

날씨는 점점 추워지는데 왕사마귀는 아직도 알 낳을 생각을 안 합니다.

나는 먹이가 없어서 왕사마귀가 알을 낳지 못하고 죽을까 봐 걱정이 되었어요.

왕사마귀의 배가 이미 많이 불러 있었거든요.

가만히 들여다보면 배가 불쑥불쑥 움직였어요. 금방이라도 알이 나올 것처럼요.

저 배 속에 알이 얼마나 많이 들어 있는 걸까요?

왕사마귀는 숨 쉬는 것조차 힘들어 보입니다.

며칠이 지났어요.

이제 곤충 사육통에는 섬서구메뚜기 몇 마리밖에

남지 않았습니다.

나는 왕사마귀에게 먹이를 주려고 사육통을 들여다보았어요.

그런데 섬서구메뚜기 암컷이 배 끝으로 땅을 파고 있었어요.

"형, 메뚜기가 이상해. 빨리 와 봐!"

섬서구메뚜기의 배 끝이 꽃봉우리처럼 갈라지더니,

배를 실룩이며 주황색 거품과 함께 까만 알을 낳기 시작했어요.

"우리 점점 대가족이 되는 거 같아."

나는 절로 웃음이 나왔어요.

9월 말이 되니 거짓말처럼 곤충이 사라졌어요.
어제는 잠자리 한 마리를 잡으려고 동네를 두 시간이나 헤매며 돌아다녔어요.
사육통에 잠자리를 넣어 주니 왕사마귀가 더듬이와 앞다리를
요란하게 움직이며 사냥 준비를 합니다.

그런데 잠자리 배 끝에서 뭔가 줄지어 나오기 시작했어요.
"곤충들은 목숨이 위험해지면 알을 낳아.
종족을 번식하고 보존하려는 본능이지."
엄마가 말해 주었어요.
죽어 가면서도 알을 낳다니,
잠자리가 불쌍하면서도 대단해 보였어요.

"왕사마귀가 알을 낳아요!"
10월 첫째 주 일요일 아침,
형의 목소리에 가족들 모두 잠에서 깨어났습니다.
왕사마귀는 뚱뚱한 배 끝을 요리조리 움직이면서 하얀 거품과 함께
기다란 알을 규칙적으로 낳았어요.
알이 차곡차곡 모여 동그란 모양을 만들고 있었지요.
"사마귀는 알 상태로 겨울을 보내야 하거든.
거품으로 알집을 만들어서 알을 따뜻하게 보호하는 거야."
엄마가 말해 주었어요.
눈으로 보면서 낳는 것도 아닌데,
어떻게 저토록 예쁜 모양이 만들어지는 걸까요?
모든 곤충은 예술가인가 봅니다.

왕사마귀는 무려 세 시간 동안이나 알을 낳았습니다.
정말 대견합니다.
처음에는 무섭게 생긴 머리 모양, 날카로운 다리,
커다란 몸집으로 다른 곤충들을 잡아먹는
사나운 곤충이라고만 생각했는데,
이제는 한껏 정이 들었습니다.
"저 알 집 속에 새끼가 몇 마리나 들어 있을까?"
하루 빨리 따뜻한 5월이 오기를 손꼽아 기다립니다.

곤충아줌마가 들려주는 왕사마귀 이야기

늦더위가 한창이던 어느 여름날, 거실 방충망에 붙어 있는 왕사마귀를 발견했어요.
조심조심 잠자리채로 잡아다가 정성껏 키우기 시작했죠.
두 아이와 함께 왕사마귀를 키우는 건 재미나고 신나는 경험이었어요.
살아 있는 곤충들을 잡아다가 먹이로 주고, 짝짓기를 시키고, 알을 낳는 모습을 지켜보느라 시간 가는 줄 몰랐죠. 집 안에 들여놓았던 알 집이 겨우내 부화하는 바람에 거실이 작은 왕사마귀 떼로 뒤덮였던 아찔한 기억도 있답니다!
왕사마귀 알은 추운 겨울을 나면서 더 튼튼하고 건강해져요. 왕사마귀 부화에 도전하고 싶다면, 알집은 겨우내 찬바람이 부는 밖에 두세요. 새가 물어 가지 않도록 가림막으로 살짝 가려 주는 것도 중요해요.
봄이 되면 틈이 없는 사육통을 준비해 주세요. 아기 사마귀는 아주아주 작기 때문에 틈이 있는 사육통에 두면 모두 밖으로 튀어나와 버린답니다.

왕사마귀 키우기 도전!

준비물 사육통, 나뭇가지, 먹이(살아 있는 작은 곤충들)

사육통과 나뭇가지 하나면 충분해요. 가장 중요한 건 날마다 살아 있는 먹이를 준비하는 거예요!
곤충 채집이 쉽지 않다면, 밀웜이나 귀뚜라미를 사다 먹여도 좋아요.
왕사마귀를 키우기 전에는 꼭 부모님과 의논하세요!

사육통　　　　　나뭇가지　　　　　살아 있는 작은 곤충들

왕사마귀 한살이

알에서 깨어나 일주일쯤 지나면 작은 곤충을 잡아먹어요.

약충
왕사마귀는 성충이 될 때까지 일곱 번 탈피해요. 이 시기에는 날개가 없답니다. 1~2주 간격으로 탈피할 때마다 1령, 2령, 3령,… 령수가 높아져요.

막을 벗고 몸이 굳을 때까지 기다려요.

막에 싸여 있어요.

성충
마지막 탈피를 마치면 날개 달린 왕사마귀가 됩니다. 성충이 되면 짝짓기와 산란을 합니다.

머리부터 나와요.

부화
사마귀의 알은 겨울을 난 다음 해 봄에 부화해요. 실내에 두면 70여 일이 지난 다음 알이 부화하는 모습을 볼 수 있어요.

알집
짝짓기를 하고 20일쯤 지나면 알을 낳아요.

알집 단면

수컷은 짝짓기 전에 구애춤을 춰요. 짝짓기 후에 암컷이 수컷을 잡아먹기도 하는데, 수컷을 먹은 암컷은 알을 더 많이 낳는다고 해요.